DAVID ROBERTS

# LES TRESORS DE L'EGYPTE

LE GRAND LIVRE DU MOIS

*Edition exclusivement réservée aux adhérents du Club*
*Le Grand Livre du Mois*
*15, rue des Sablons*
*75116 Paris*

Crédit pour l'ensemble des photos : EDIMEDIA


ISBN 2-7028-1328-3

Photo de couverture : Façade du grand temple d'Abou Simbel,
*Aquarelle,* EDIMEDIA

Vue du Caire.
*Aquarelle et gouache*

Le Caire, porte de Metwaley.
*1843, Huile sur toile*

La Colonne de Pompée à Alexandrie.
*Aquarelle*

L'Obélisque d'Héliopolis.
*1839, Aquarelle*

Les Pyramides de Gizeh, vue depuis le Nil.
*Aquarelle*

Le grand Sphinx et la pyramide de Gizeh.
*Aquarelle*

Vue du sommet d'une pyramide.
*Aquarelle*

Entrée des tombes de Béni Hassan, Moyenne-Egypte.
*Aquarelle*

Vue du temple de Dendérah.
*Aquarelle*

Vue du temple de Karnak.
*1838, Aquarelle*

Entrée principale de Louxor.
*Aquarelle*

Obélisque et temple de Louxor.
*1838, Aquarelle*

Les ruines de Louxor.
*Aquarelle*

at Luxor. Thebes; Upper Egypt

David Roberts R.A. L. Haghe Lith.

Vue sur la chaîne des montagnes de Lybie depuis le temple de Louxor.
*Aquarelle*

Colosses de Memnon.
*Aquarelle*

Colosses de Memnon.
*Aquarelle*

Fragment de Colosses et temple de Ramsès II à Thèbes.
*Aquarelle*

Entrée de la Vallée des rois, Bihan el-Molouk.
*Lithographie*

Entrance to the Tombs of the Kings of Thebes

Vue des ruines du Temple de Medinet Habou, Thèbes.
*Aquarelle*

Intérieur du Temple d'Esneh, Haute-Egypte.
*Aquarelle*

Temple at Esneh Nov 25th 1838
David Roberts R.A.

Hadjar Silsileh ou le Roc de la Chaîne.
*Aquarelle*

Portique de Temple d'Efnou, Apollinopolis, Haute-Egypte.
*Aquarelle*

David Roberts R.A. L. Haghe Lith
Portico of the Temple Edfou Upper Egypt Nov. 23rd 1838

Ruines du Temple de Kom Ombo, Haute-Egypte.
*Aquarelle*

Kom Ombo
David Roberts R.A.

Vue générale de l'île de Philae.
*Aquarelle*

La cour à portique du Temple de Philae.
*Aquarelle*

Le Nil et l'île de Philae.
*1838, Aquarelle*

Philæ, Novr 18, 1838.
David Roberts R.A. L. Haghe lith.

Façade du Grand Temple d'Abou Simbel.
*Aquarelle*

The Great Temple of

Temple du Wady Kardassy, Nubie.
*Aquarelle*

Temple of Wady Kardassy

Temple de Wady Saboua.
*Aquarelle*

David Roberts R.A.
Temple of Wady Saboua, Nubia.

Imprimerie Hérissey à Évreux – N° 79840
Dépôt légal : Mars 1998